MEDITAÇÕES SOBRE

São Geraldo Majela

IR. IAN LUCAS LOPES DE CASTRO, C.Ss.R.

MEDITAÇÕES SOBRE

São Geraldo Majela

Homem mergulhado em Deus

Com oração das gestantes e mães

EDITORA
SANTUÁRIO

Coordenação editorial: Ana Lúcia de Castro Leite
Copidesque: Sofia Machado
Revisão: Luana Galvão
Diagramação e capa: Mauricio Pereira

Dados Internacionais de Catalogação na Publicação (CIP) de acordo com ISBD

C355m Castro, Ir. Ian Lucas Lopes de

Meditações sobre São Geraldo Majela: Homem mergulhado em Deus: com oração das gestantes e mães / Ir. Ian Lucas Lopes de Castro. – Aparecida: Editora Santuário, 2024.
64 p.; 12,5cm x 17,5cm.

Inclui índice.
ISBN: 978-65-5527-401-1

1. Religião. 2. Cristianismo. 3. Meditações. 4. São Geraldo Majela. I.

CDD 240
2024-339 CDU 24

Elaborado por Odilio Hilario Moreira Junior - CRB-8/9949

Índice para catálogo sistemático:
1. Religião : Cristianismo 240
2. Religião : Cristianismo 24

2ª impressão

Rua Pe. Claro Monteiro, 342 – 12570-045 – Aparecida-SP
Tel.: 12 3104-2000 – Televendas: 0800 - 0 16 00 04
www.editorasantuario.com.br
vendas@editorasantuario.com.br

Caro leitor,

Em todo tempo e lugar, revela o Senhor o favor de sua presença, suavemente oculto na vida de seus servos. Dessa forma, o Senhor nos inspira em seu amor, fortalece-nos em nossas quedas e nos guia em nossas dúvidas, pelos exemplos daqueles que abriram o coração ao Eterno, isto é, ao amor de Deus.

De fato, a grande responsabilidade da vida é escolher as coisas eternas; apenas o amor permanece para sempre. Algumas pessoas possuem tamanho amor a Deus e aos irmãos que, naturalmente, se destacam pela simplicidade e liberdade diante de todas as coisas. Centradas no amor, único bem que pode nos sustentar, deixam real testemunho da ação de Deus, de sua ternura e misericórdia: são os santos.

Deus nos fala pela vida de seus amigos! Nossas devoções, se bem cultivadas, são inspirações para que possamos também crescer na intimidade com o Senhor. Um bom amigo é sempre íntimo e amoroso. Na intimidade com Deus, viveu São Geraldo Majela, missionário redentorista, o irmão e amigo dos pobres, o servidor humilde, protetor das mães, gestantes e criancinhas.

Jovem, de grande beleza de alma, viveu o Evangelho na simplicidade das ações mais cotidianas. Ele foi o que todos somos chamados a ser um dia: o reflexo de Cristo Irmão, aquele que caminhou ao lado dos humildes e pecadores, cheio de compaixão e bondade.

Quando avançamos na leitura da vida de um santo, estamos em exercício espiritual de conversão, pois aprendemos das virtudes e da santidade daqueles que admiramos e veneramos nos altares. Geralmente, as biografias trazem grandes louvações, mas não queremos criar uma ideia distante e, por vezes, falsa, da santidade, como algo impossível de se alcançar. São Geraldo Majela foi um jovem simples, em quem as virtudes surtiram efeito. Isso é possível para todos nós. Por essa razão, faço-lhe um convite para meditarmos, em nove dias, as virtudes de nosso santo Irmão Geraldo Majela, o homem que abraçou a Cruz de Jesus.

O autor

ORAÇÃO PREPARATÓRIA

Santo e Divino Espírito,
eu busco a Luz da oração para minhas obras;
esclarecei-me com vossa sabedoria,
instruí-me em vosso amor,
abençoai-me em vossa Paz.
Que, na meditação das virtudes e
da vida de São Geraldo Majela,
ilustre Redentorista e servo de vossa bondade,
possa eu encontrar a inspiração que desejo,
para ser melhor e me tornar servidor de todos,
como foi Jesus, Nosso Santíssimo Redentor.
Doce Virgem Maria, Mãe de Deus, acolhei-me
sob vossa proteção
e, sob vosso olhar materno, levai-me a Jesus!
Amém.

(Rezar 1 Pai-Nosso e 3 Ave-Marias.)

ORAÇÃO FINAL – Súplica de Perseverança

Senhor, graças vos dou pelos exemplos e pelas virtudes de vosso Servo, São Geraldo Majela. Confiante em vossa misericórdia e na certeza de que por vós sou sempre acolhido, venho renovar em meu coração o propósito de perseverar no bem. Ajudai-me, Senhor, em tudo buscar o que é vosso e fazer sempre o que vos agrada. Seja eu bom instrumento de vossa bondade: em minha família, em minha comunidade, em meu trabalho.

Em vós confio e em vós espero.
São Geraldo Majela, intercedei por mim,
junto a nosso Senhor Jesus Cristo, e alcançai-me
o prêmio dos que perseveram na graça de Deus:
a vida eterna,
por Deus prometida.

Ó Mãe do Perpétuo Socorro, com vosso doce olhar, ajudai-me a trilhar o caminho da virtude. Amparado por vossas mãos, sei que não vacilarei. Rogai a Deus por nós, que recorremos a vós. Amém.

(Rezar a Salve-Rainha.)

1

A HUMILDADE
Rainha das virtudes

São Geraldo Majela nasceu em um berço humilde, em Muro Lucano, lugarejo simples da Basilicata – península italiana. Filho de um alfaiate, Domingos Majela, perdeu o pai na precoce idade de quatorze anos[1], o que deixou sua família em extrema pobreza. Sobre a morte do pai não sabemos como ocorreu ou qual era sua idade, mas é provável que não tenha vivido muito, até por volta dos quarenta anos.[2] Bem antes desses fatos, no pequeno menino, despontou a virtude cristã primordial, chamada de humildade.

---

[1] Cf. Site: Cruz Terra Santa. Santos e Ícones Católicos. História de São Geraldo Majela. São Paulo-SP. Acesso em 2023.

[2] Cf. MCCONVERY, Brendan. São Geraldo Majela: redescobrindo um santo. Editora Santuário. Tradução: Vinícius Ponciano. Aparecida-SP, 2023, p. 19.

O que é uma virtude? As virtudes são forças poderosas, que transformam nossas reações, nossos pensamentos, sempre para o bem, diante de todas as situações. Fazem as virtudes o caminhar livremente, sem pesos ou tropeços. O solo onde se caminha é como a humildade: firme e sincera; estável e aberta para servir a tudo.

Para muitos a humildade é o campo de plantação para boas sementes, ou seja, a base para tudo o que é bom. Outros a consideram como a rainha das virtudes, como nas colmeias de abelhas: onde se encontra a "abelha rainha", todo o enxame se reúne ao redor; assim a humildade atrai para si uma imensidade de virtudes.

No coração de nosso pequeno Geraldo Majela, a humildade tomou lugar desde a infância, na qual o vemos caminhar inocentemente para brincar na igreja de seu vilarejo natal e, sem perceber quem o esperava, encontrar-se com o Menino Jesus, que desceu dos braços de sua e nossa Mãe, a Virgem Maria, a seu encontro. Recebeu do Menino Deus um pãozinho branco, que levou para casa. Um fato muito extraordinário, cuja real mensagem é o florir desta sua virtude: humildade e pobreza; aproximou-se de Jesus sem medo, sem receio e avançou com passos firmes. Pobre criança, não se compara a ninguém, não se enche de seu próprio eu e nada esconde dos olhos do Menino Jesus, mas "brinca com Deus", tão naturalmente, como a água que jorra da fonte.

Certamente, nos próximos anos de sua vida, a humildade de sua infância foi ainda mais trabalhada em seu coração. Já dizia Santa Teresa que a humildade é a verdade[3]. De fato, ela é o primeiro passo para se perseverar no bem: só se persevera no que é verdadeiro; tudo o que é falso, enganoso cai por si. Só poderemos desvendar os segredos do coração de São Geraldo por sua humildade: a chave de seu relacionamento com Deus.

Ela não vem sem esforço, nem sem a ajuda de quem se ama: primeiro se prepara o solo, para, depois, começar a plantar. Nosso santo percebeu no lar de seus pais a beleza dessa virtude. De sua mãe, Benedita Galella, aprendeu a cultivar o sor-

---

[3] Cf. Santa Teresa de Jesus. Moradas do Castelo Interior (6ª Morada 10,7).

riso de Deus, na piedade e na devoção de quem é simples; traço que jamais perdeu em sua vida. Conta-se que, desconfiada do "pãozinho branco", dona Benedita seguiu o menino, com sua outra filha, Brígida[4] , e viu que entrava na igreja – espanto seu, ao ver que Geraldo dizia a verdade, traço característico de quem sempre foi humilde. Esse fato é apenas um entre tantos outros que ilustram a humildade do pobre menino, que soube construir a base de seu coração.

Em seu lar, além da simplicidade das coisas e das instalações, conheceu a pobreza de espírito, isto é, não se apegava a nada que não fosse Deus. Não demonstrou apego a si próprio, nem a suas virtudes, nem a seu esforço para ser melhor. Tudo o que possuía dividia. Tudo que fazia era menos para si.

Certamente, foi, no desapego e na humildade, que aprendeu amar a Cruz. Dizem que, em determinado dia, ao se encontrar com outras crianças, Geraldo utilizou-se de dois gravetos e formou uma pequena cruz. Colocou-a em uma árvore e, ajoe-

---

[4] Cf. MCCONVERY, Brendan. São Geraldo Majela: redescobrindo um santo. Editora Santuário. Tradução: Vinícius Ponciano. Aparecida-SP, 2023, p. 19.

lhando-se, chamou os demais para adorar a Cruz de Cristo. Os que estavam presentes perceberam que a pequena cruz iluminou a árvore com intensidade.

Foi diante da Cruz que São Geraldo encontrou a luz para seguir humildemente seu caminho. Cristo, despojado de tudo, sem nenhum apego, mas, ao mesmo tempo, livre. Continuou o Redentor de forma ativa: São Geraldo foi um jovem que abraçou a Cruz em todos os seus sentidos.

O verdadeiro humilde não nega seus conhecimentos e dons, ao contrário, é servidor de todos: assim foi São Geraldo e assim foi Jesus.

ORAÇÃO DO DIA

Senhor, a exemplo de São Geraldo, quero me aproximar de vós, sem nada esconder. Desejo que a base de minha existência seja a humildade e vos peço que aumenteis em mim esse bom desejo. Fortalecei-me na verdade, quanto a meu próprio respeito, e que eu seja doador de meus dons.

Senhor, de fato, o verdadeiro humilde não sente vergonha, mas abre seu coração em vossa presença; e assim eu quero ser. Saberei que não olhareis meus pecados, mas a confiança e o amor que vos deposito. Senhor, que cumulastes de humildade vosso servo e nosso irmão, São Geraldo Majela, inspirai-me na vivência desta primeira e grande virtude. Amém.

2

A VERDADE

Vestígios de uma alma santa

O amor à verdade é um segredo para jamais desistir. Perseverança significa: "por ser verdade". Importante é a verdade que permanece, e não a opinião que passa. Quando a virtude não alcança o que faz a santidade: ao receber um golpe de uma contradição, de uma desilusão, ou de uma perda, o raciocínio desmorona sem retidão, e o "coração de ouro", sem magnanimidade. Logo, passa-se a amar menos, a estimar menos, por determinado tempo e, em certas circunstâncias, para sempre[1]. Perdemos todo o caminho começado e fechamo-nos sem recomeço, não toleramos o novo, a nova oportunidade que Deus nos dá. Que risco se a vir-

[1] Cf. TROCHU, Francis. Bernadette Soubirrous. 2ª edição. Cultor de Livros. Tradução: Ricardo Tavares. São Paulo-SP, 2021, p. 392.

tude não alcançar o que faz a santidade. Como, então, o pequeno santo manteve seu coração magnânimo nas humilhações e rejeições? E como teve reto raciocínio para tomar suas decisões?

São Geraldo também recebeu duros golpes em sua vida: primeiro a perda do pai, Domingos Majela; depois, a dureza de ser aprendiz de alfaiate, tolerando inúmeras humilhações por um de seus mestres e, por fim, ser tido por frágil e incapaz. Além disso, serviu ao temperamental bispo de Lacedônia, por cerca de três anos, em que suportou o pesado esforço de ser fiel, sob as duras exigências que uma autoridade, por vezes rancorosa, estabelece. Bateu, em vão, em portas que não se abriram, tentou ser capuchinho, já no princípio de sua vocação, quando retornou a Muro Lucano e sofreu com a rejeição. Só não desistiu por amor à verdade, que o deslocou de si mesmo, ao encontro de Jesus. Isso também refletiu em seu futuro: já como Irmão Redentorista, caluniado e difamado, por falsas acusações, aguentou firme no silêncio; esperou a verdade.

Consciente de que Cristo é a verdade nas tempestades e injustiças da vida, São Geraldo nos ensina a confiar sem medo, mesmo que aos olhos das outras pessoas tudo pareça tolice – o que realmente importa é o que Deus vê de nós, jamais os julgamentos dos outros – ; assim conta a famosa história da chave no poço...

Certa vez, por acidente, uma chave caíra em um profundo poço. Acorreu o pequeno Geraldo Majela a uma imagem de Nossa Senhora e, pedindo permissão, retirou o Menino Jesus de seus braços. Levou a pequena estátua até o poço em que o fato se passava. Cuidadosamente, colocou-o no cesto e apenas confiou. Cego de confiança, não se importou com o que diziam ou pensavam os corações: sabia o que fazia. Para espanto de todos, ao retirar o Menino Jesus do poço, retirava-se, também, a chave perdida. Quando fechamos nosso coração, Deus é delicado e gentil para bater à porta. Algo semelhante nos acontece quando, por força de nosso orgulho, perdemos "a chave" de quem somos. Somente a confiança em Cristo pode-nos abrir o coração. Ele é o caminho e a verdade. Contudo, ainda sob o julgamento de frágil e louco, sob o peso da rejeição, nosso santo manteve o raciocínio reto e um magnânimo coração. Ele é o caminho...

A verdade é uma força motora, que não nos deixa estagnados. Pode ser dura e impetuosa quando é diferente de nossos gostos, nossas opiniões... Prevalece sobre quem a escuta e a conhece; afasta o medo e encoraja diante dos desafios. Assim aconteceu: São Geraldo suportou as humilhações, tornou-se bom alfaiate, lutou muito para seguir sua vocação. Encorajado na verdade de quem era, após as missões redentoristas em sua cidade, aos vinte e dois anos, tomou a determinada decisão de deixar tudo para ser redentorista. Sobre a cama, apenas um bilhete: "Mamãe e irmãs, vou para o convento para me tornar santo. Esqueçam-me". Saiu pela janela, arriscou-se por conhecer o plano de Deus. Heroísmo de sua parte ou loucura, como diziam? Não, nada explica sua atitude, senão os vestígios de uma alma santa e corajosa.

Ele não parou, até encontrar os Missionários Redentoristas que seguiam viagem. Receosos de sua presença, os religiosos da Congregação não suspeitavam da grande santidade do rapaz que os seguia. Aceitá-lo seria uma decisão precipitada? Pobre rapaz, pequeno Geraldo, deixou tudo para ganhar tudo![2]

Não foi a porta trancada do quarto que o impediu; nem a janela que apresentava riscos, tamanha a verdade que possuía em si: "serei santo"! Os olhos do Pe. Cáfaro, Superior, só viam a aparência frágil e pálida, como doentia. A caminhada de cerca de dezenove quilômetros não foi nada e, finalmente, alcançou os missionários.

A santa ousadia de São Geraldo, ainda hoje, impressiona. Diante de tamanha persistência, não pôde o Pe. Cáfaro fazer outra coisa senão consentir. Finalmente! Agora estava no rumo certo. Com determinada desconfiança, foi encaminhado pelo superior para a comunidade redentorista de Deliceto, com a famosa carta que dizia: "Estou mandando um outro irmão, que será inútil para o trabalho"[3].

Quem ama a verdade não teme a Cruz de cada dia, nem os novos desafios: assim foi São Geraldo e assim foi Jesus.

---

[2] Cf. LIGÓRIO, Afonso Maria de. A prática do amor a Jesus Cristo. Editora Santuário. Tradução: Gervásio Fabri dos Anjos. Aparecida-SP, 1996, p. 248.

[3] Cf. MCCONVERY, Brendan. São Geraldo Majela: redescobrindo um santo. Editora Santuário. Tradução: Vinícius Ponciano. Aparecida-SP, 2023, p. 25.

ORAÇÃO DO DIA

Senhor, eu sei que amais os corações retos e verdadeiros. Sois vós, ó Deus, a verdade mais preciosa da vida e a fonte de toda a verdade, que nos revelais como quereis e meios que sabeis. Pelo amor a vós, com o qual encorajastes vosso servo, São Geraldo Majela, eu vos suplico: fortalecei meu coração nas fraquezas e inspirai-me nas virtudes, para que eu seja movido pela verdade e não tenha medo de abandonar tudo, para vos servir e seguir.

Obrigado, Senhor, pela verdade de vosso amor sempre fiel, que não trai, nem abandona, que não se esquece de ninguém, nem lança fora. Que o exemplo de São Geraldo me acalente nos momentos mais difíceis. Amém.

3

FÉ

Pequena semente

Considerado inútil, frágil e, até mesmo, doente, o Irmão Geraldo Majela, ao contrário, mostrava-se constante e forte. Inteligente, aprendia rápido e, além de tudo, tinha uma disponibilidade impecável e uma amabilidade admirável. Como se tornou assim?

Sabemos que a fé é dom de Deus, uma virtude que vem Dele e é por Ele infundida em nossa alma. Para crescer e gerar abundantes frutos, a fé está sob a delicadeza e o trabalho de quem a possui, tal como a semente nas mãos do agricultor. Podemos dizer que nosso querido São Geraldo Majela plantou a fé no melhor terreno de seu coração; comprovam os frutos de suas boas obras e virtudes.

Foi a partir de sua fé, cultivada no amor a Deus, no respeito e amor ao próximo, que o jovem de Muro Lucano tornou-se um dos maiores e mais queridos santos da história. Caminhou com fé até encontrar sua vocação; deixou sua casa e sua família, movido pela fé, e soube suportar as críticas e humilhações pela retidão de sua fé. Nisso, percebemos que a fé é a garantia que move o coração dos justos. "E todo aquele que deixar casas, irmãos, irmãs, pai, mãe, filhos ou terras por mim receberá cem vezes mais e terá como herança a vida eterna" (Mt 19,29).

Quando realizamos um bom discernimento, estamos a separar as coisas, com a intenção de compreendê-las melhor. São Geraldo Majela é exemplar ao realizar um bom discernimento, pois, já sabemos, amou a verdade e manteve inabalável fé diante de todas as situações. Não desistiu de acreditar, nem abandonou o caminho já começado de seus esforços. Diferenciou as humilhações das críticas; seguiu seu caminho com dedicação, porque doou seus melhores atributos sem reserva, pensando simplesmente no bem de todos que o cercavam.

Pensemos na fé, como a pequena semente que, na generosidade do Senhor, nos é confiada e que, no labor e no cuidado, torna-se um grande sinal, como uma belíssima árvore, que, em seus frutos de caridade, também apresenta sementes de boa-fé. Dessa forma, São Geraldo Majela transmitiu sua crença por onde passou, tornando-se como um luzeiro, um grande sinal: o de Cristo Irmão de todos.

Muitos fatos milagrosos de sua vida ensinam que a fé é capaz de mudar ações e corações, de transformar o vinagre em bom vinho; foi o que aconteceu: certa vez, ao passar por um lugarejo, São Geraldo encontrou uma senhora, cujos barris de vinho haviam se perdido em vinagre. Sabendo que Deus tudo pode, tocou os barris com uma imagem de Nossa Senhora, e, simplesmente, tudo se transformou novamente em aroma e sabor. Assim ensinou que a fé viva no amor de Deus faz-nos viver uma nova vida!

Quando começamos nossos primeiros passos com Cristo, podemos nos deparar com um ambiente muito religioso ou com uma crença diminuída. Isso ocorre porque, em certas situações, orgulhamo-nos de nossa própria vivência religiosa, julgamos que em tudo fazemos o certo, o perfeito. Entretanto, onde entra o orgulho, a fé diminui, e começamos a adorar a nós mesmos, servir a nós próprios, sob uma falsa máscara de bondade e beleza. Esquecemo-nos de amar a verdade e caímos no amor a nossos interesses escusos, do nosso jeito. De bom vinho, viramos vinagre.

E, com isso, São Geraldo nos ensina que nem tudo está perdido e que o desespero nunca valeu a pena. Tudo pode ser mudado para quem tem fé no Deus verdadeiro, mesmo o vinagre em vinho. Não nos esqueçamos de que, em primeiro lugar, precisamos abrir os olhos para nos reconhecer e abrir o coração para nos aceitar – "abrir os barris de vinagre e permitir a transformação em vinho".

Quem tem fé ama a vontade do Pai, sem medo, sem dúvida, de coração inteiro: assim foi São Geraldo e assim é Jesus.

ORAÇÃO DO DIA

Jesus, lembro-me de vosso exemplo de fé, no Jardim das Oliveiras. Confiastes no que o Pai vos pediu e rezastes: "Pai, afasta de mim este cálice, mas não se faça, todavia, a minha vontade, mas sim a vossa" (Mt 26,39b). Assim, eu também quero viver, conforme a Santa Vontade de nosso Pai, apesar de nem sempre compreender ou perceber o porquê das coisas me acontecerem. Não quero me encher de orgulho. Peço-vos que me inspireis no exemplo de São Geraldo Majela, para que eu seja bom e tenha um coração cheio de fé e confiança. Amém.

4

ESPERANÇA

Sob o olhar da benevolência divina

"Há quem seja fraco e necessitado de socorro, carente de forças e rico de misérias. O senhor, porém, olha para tais pessoas com benevolência, fazendo-as levantar a cabeça, reerguendo-as de sua humilhação, e com isso muitos ficam admirados" (Eclo 11,12).

Que mistério há em envolver os mais "fracos" na aparência? Deus escolhe justamente os pequeninos e os olha, cheio de bondade, revelando-lhes suas grandezas e cumulando-os de novas forças, o que não é compreendido pela vã sabedoria dos que se afirmam grandes. Assim o mundo fica confuso, e Deus se manifesta, sempre suavemente, em seus escolhidos, seus fiéis amigos.

E, se podemos ter uma certeza, o olhar de Deus sempre fortalece nossa esperança. Basta um olhar do Senhor, para nos tornarmos como botões de rosas, prestes a desabrochar e a exalar bom odor. A esperança é isto: sabermos que somos amados e olhados do Céu, pelo único que pode estar conosco o tempo todo e em todo lugar.

A esperança de nosso amigo e santo, Geraldo Majela, foi sublime em sua vida: levantou-se de todas as humilhações, ergueu a cabeça na certeza do céu. Sabemos que ninguém se salva sozinho, uma vez que o amor não encontra sossego se não for ao encontro de outros. Portanto uma alma amorosa e esperançosa se torna um porto a animar, a encorajar e a acalmar nos momentos mais difíceis. A esperança movimenta a alma ao encontro da verdadeira paz, que não se acaba nos desalentos, mas permanece suave e melodiosa. Com isso, quem cultiva a esperança pode suportar lutas e dores, sem se perturbar em vão.

Deus olhou para seu humilde servo[1], com um olhar repleto de benevolência e amor. Deus não nos olha de qualquer jeito, nem com indiferença, nem com desprezo, pelo contrário: Ele é observador de nossos silêncios e conhece nossa mais profunda intimidade e verdade. O olhar de Deus é o que realmente importa, pois Ele não enxerga como nós, que só podemos ver as aparências e nada além.

Como se ninguém fosse capaz de explicar, São Geraldo guardou o silêncio. Recebeu falsas e graves acusações, como foi o caso de Nerea Caggiano. Esta jovem era de origem pobre e queria entrar para a Vida Religiosa, mas, pela falta de recursos, não possuía o dote necessário para ser admitida no convento. Percebendo sua boa intenção, São Geraldo pôs-se a ajudá-la. Bateu de porta em porta, pedindo por ela. Logo, o dote estava quase completo, e a jovem ingressou no convento, enviada ao Mosteiro das Monjas Redentoristas de Foggia. Segundo alguns relatos, ela não suportou a sauda-

[1] Cf. Lc 1,48.

de dos seus, não se adaptou à austeridade da vida religiosa e logo deixou o convento.

Envergonhada pela verdade, inventou justificativas para sua saída. Caiu Nerea na maledicência: falou das monjas e, posteriormente, voltou-se contra Geraldo, por volta de 1754. Afirmou que o Irmão Geraldo possuía muita liberdade com as meninas, vivia uma aventura amorosa com uma jovem, chamada Nicoleta Cappucci, e que trocava olhares com ela. Seu argumento tornou-se venenoso e, logo, espalhou-se. Nerea contou a seu confessor, o Pe. Benigno Boaventura, que deu crédito a suas palavras. Esse sacerdote tomou por certo comunicar ao Fundador dos Redentoristas – Afonso de Ligório – tão séria detração contra um dos membros de seu instituto, sustentada pela jovem por longo tempo[2].

Acusado injustamente, São Geraldo aguentou firme. Recebeu as punições que foram julgadas justas para seu caso. Chamado por Afonso de Ligório, nada respondeu, nem se defendeu. Estranho jeito

---

[2] Cf. MCCONVERY, Brendan. São Geraldo Majela: redescobrindo um santo. Editora Santuário. Tradução: Vinícius Ponciano. Aparecida SP, 2023, p. 69.

de se comportar; não abriu a boca. Dizem no popular que "quem cala consente". Assim, o Irmão sofreu ainda mais: foi-lhe proibido o contato com pessoas além da Congregação Redentorista; teve de viver de forma mais reclusa sem correspondência; e o que mais doeu em sua alma: foi proibido de receber, até segunda ordem, a Comunhão Eucarística.

Existem os grandes silêncios da vida, que só os santos compreendem. Impressionante é que, mesmo diante de tantas dores, angústias e tanta falsidade, Geraldo Majela continuou o Redentor. Certamente, aquele controverso caso foi um grande sinal de sua santidade. Soube sofrer em paz, pois manteve a esperança acesa em seu coração. A esperança e a confiança caminham em unidade, e ele confiou em Deus.

Chegada a hora em que Nerea Caggiano caiu gravemente enferma[3], perturbou-se em seu coração. Arrependida, inocentou o servo de Deus escrevendo a seu fundador. Posteriormente, célebre

[3] Cf. OLIVEIRA, Luiz Carlos de. Santidade Redentorista – Santos, Beatos, Veneráveis e Servos de Deus Redentoristas. Editora Santuário. Aparecida-SP. 2021, p. 27

se tornou a cena em que Geraldo Majela aponta para um livro, diante do fundador, explicando o motivo pelo qual não se defendeu. Era um exemplar da regra da Congregação Redentorista, que ensinava o silêncio diante da fala do superior: em nada se defender. Espanto para o fundador que escreveu a regra e admirou-se da sensibilidade do jovem Irmão em observá-la tão fielmente.

De fato, a esperança é como as folhas e os brotos das grandes árvores, as quais, mesmo torturadas ou em más condições, insistem em levantar-se e dar novo viço ao ambiente.

Quem mantém a esperança firme no coração não teme as piores dores ou condições, mas confia livremente no Pai, em seu amor e sua misericórdia: assim foi São Geraldo, assim foi Jesus.

ORAÇÃO DO DIA

Jesus, vós também sofrestes calúnias e fostes blasfemado por diversas vezes, no meio de nós. Comovente é que nos destes o exemplo do silêncio e da esperança. Soubestes manter o coração unido à Sacrossanta Vontade do Pai: assumistes as piores condições, como a do Servo Sofredor, e aguentastes as últimas consequências, por causa do grande amor.

Mais uma vez, renovo em meu coração o propósito de inspiração a partir do exemplo de São Geraldo Majela, para que eu seja movido à esperança em vosso amor. Amém.

5

CARIDADE

Ardência do coração humano

Pode parecer muito simples e, às vezes, tolo ou malcompreendido o bem que fazemos, na vi-são das pessoas que estão em nosso dia a dia. Mas quem caminha com retidão e tem um coração aberto ao dom de Deus, mesmo que não compreenda a magnitude da graça que recebe, é um farol a iluminar pela bondade. São Geraldo era assim, iluminava por onde passava, por sua caridade e atenção ao próximo.

São variados os relatos de sua virtude, mas, olhando mais detalhadamente para sua vida, percebemos que a caridade de suas ações e seus pensamentos ultrapassavam sua realidade: além do que podia fazer de bem aos outros, doava-se ainda mais, com generosidade, pela oração, pelo sacrifício e pela atenção a quem precisava. Desdobrou-se além de suas forças, simplesmente para servir.

A caridade faz isto conosco: deixa o coração desassossegado e só faz encontrar satisfação no bem de quem precisa. Parece que essa diferente forma de desassossego foi a mesma experiência de Deus, que veio, por amar muito, nascer na pobreza da manjedoura. De fato, uma alma caridosa vence o medo do julgamento alheio e segue em frente, pois tem a sinceridade de quem ama como aliada na batalha de socorrer e assistir o próximo.

A virtude de que tratamos agora não é causadora de dependência, mas, ao contrário, é promotora da liberdade, da libertação. Caridade não é prover assistência e sanar dificuldades alheias, mas é educar, cuidar e garantir que o próximo caminhe com as próprias pernas, que cumpra sua missão e que viva bem.

São Geraldo também é exemplo nesta arte: acolheu os pobres e os educou na fé. Mostrou que a maior riqueza que se pode ter não é aquela que passa na terra, mas a que permanece no céu. Relatos contam que o convento onde residia estava constantemente cheio de pessoas a sua procura, uns pelo pão de cada dia, outros apenas para vê-lo e ouvi-lo. Havia também os que queriam tocá-lo, na esperança de uma cura. Tantas pessoas não iam, em vão, buscar nele o refúgio de que precisavam; iam, pois ele era sinal de Deus.

Sua caridade dava força e, mais uma vez, instruía o coração. Todos saíam satisfeitos, os pobres e os ricos. Uma certeza é de que a caridade, aos poucos, transforma-nos e, sem nos darmos conta, torna-nos sinais vivos e latentes do amor superior: o amor de Deus.

Ela não se apaga do coração de quem a recebe. É como a sementinha de bondade, que, aos poucos, germina em raízes de fé, por isso permanece e, dificilmente, será exterminada, ao menos com permissão para tal ou fechamento. Favorecidos pela caridade de tão bom jovem, mesmo após sua passagem à vida eterna, nós podemos ainda receber o benefício de seu olhar atento e generoso, intercedendo por nós a Deus. São Geraldo Majela, homem da caridade, olhai por nós, pois a caridade jamais passará.

Quem busca vivê-la em sua vida torna-se tão feliz, tão desprendido, que se doa totalmente ao menor olhar de quem necessita. Assim foi São Geraldo e assim foi Jesus.

ORAÇÃO DO DIA

Senhor Jesus, que sois o modelo da perfeita caridade e do amor generoso, criai em nosso coração o desejo de buscar servir ao próximo com retidão e alegria, para que possamos compreender que o sentido mais bonito de uma vocação é ser feliz e fazer os outros felizes. Que vosso amigo e nosso irmão São Geraldo Majela nos ajude nesta caminhada para vós. Amém.

6

MANSIDÃO

Sentido de ser bom e acessível ao próximo

Sabemos o quanto as pessoas mansas são agradáveis, pois a mansidão nos modela na simplicidade e nos mantém acessíveis, retirando de nós o olhar de qualquer violência e desprezo, ou indiferença.

As pessoas mansas são como Jesus, alívio para aflitos e consolo para os que se desesperam. O próprio Senhor disse: "Aprendei de mim que sou manso e humilde de coração" (Mt 11,29). Ele sabia o quanto a mansidão é fundamental para nós, pois, a partir dela, fortificamos nossos lares, nossas famílias, nossas comunidades e ampliamos na vida o reino dos Céus, porque ela é companheira da compreensão e dá sentido ao ser bom para os outros.

São Geraldo continuou, em sua vida, Jesus Redentor, com mansidão. Compreendeu claramente as necessidades das pessoas de sua época e tornou-se para elas referência de bondade: um homem acessível e disponível, não importava a condição em que se encontrasse. Quantos foram a seu encontro e voltaram profundamente tocados pela mansidão de sua alma.

Já sabemos que qual cordeiro manso soube manter-se firme diante de toda a maldade humana – muitos o chamavam de louco, como se estivesse fora de si. Também Jesus passou por isso, quando seus parentes tentaram contê-lo sob o pretexto de uma loucura ou descontrole (cf. Mc 3,21). Nisso se comprova o constante continuar a Jesus Redentor que São Geraldo procurou viver. Conta-se que, certa vez, rezava diante do sacrário e, lá, permaneceu por muito tempo, além da conta, poderia ser. De repente, ao se aproximar mais de Jesus, ouviu a voz do Senhor, que lhe dizia: "Louco! Louco! Chegará o dia em que te confortarás de tua loucura?"[1] Sabia São Geraldo que, para o amor sincero, não havia limites e, com a audácia que os homens santos têm, respondeu sem demora: "Senhor, acaso não aprendo de vós a loucura? Sendo Deus infinito, vós vos encerrais na estreita custódia por amor de mim?"[2]

No Sacrário, vislumbra-se a mansidão do Senhor, que se deixa aprisionar e se entrega nas mãos dos pecadores. Geraldo compreendeu o poder que há no silêncio de Sacrário e lá permaneceu "além da conta". O segredo de tamanha mansidão é acolher a todos com bondade, mesmo os que se aproximam com indiferença, orgulho e más intenções. É saber que todos são dignos de amor, não importa o tamanho do pecado que fizeram, nem o que omitiram, e que todos precisam de uma segunda chance.

Jesus é manso, e São Geraldo adentrou nesse mistério. Ousou ser como Cristo, manso e humilde

[1] Conhecendo São Geraldo Majela. São Geraldo e a Eucaristia. Pe. Américo de Oliveira, C.Ss.R. Disponível em: http://basilicasaogeraldo.org.br – Acesso: 2023.
[2] Idem.

de coração: acessível e irmão de todos. Imaginemos o quanto foi agradável ao Pai celeste ver que seu pequeno menino seguia a mansidão de seu Irmão mais velho, com tanta diligência.

A mansidão nos modifica e nos faz mais fraternos, mais dóceis a quem está a nosso redor. Dessa forma viveu São Geraldo, e isso nos ensinou Jesus.

ORAÇÃO DO DIA

Jesus, manso e humilde de coração, de agora em diante, quero aprender de vós de um jeito novo: quero acolher meus irmãos na fé, quero ser acessível e ter sentido no ser bom. Quero ser sinal vivo de vossa presença no meio de minha família e de minha comunidade. Meu bom amigo e Mestre, ajudai-me nesses propósitos e firmai meu coração em vosso caminho. Que São Geraldo Majela, vosso continuador neste mundo, ajude-me a continuar vossos passos onde quer que esteja. Amém.

7

PRUDÊNCIA

Caminho seguro de vida

A prudência brota de um coração que quer amar, sem erro. É tão bonito o exemplo que Jesus nos deu: "Sejam prudentes como as serpentes, e simples como as pombas" (Mt 10,16). Conhecedor perfeito da criação, Jesus nos faz entender que as serpentes não andam em qualquer lugar, de qualquer maneira, são cautelosas, não são exibidas e não erram ao armar o bote para se defender ou caçar uma presa. Mas, além da prudência das serpentes, há a simplicidade das pombas, as quais, por sua vez, estão por toda a parte e se aproximam de qualquer coisa, até com ingenuidade, que as põe em perigo. A simplicidade é maravilhosa, desde que acompanhada da prudência, para que não caiamos nas armadilhas do mundo, que, pelas falsas aparências, nos seduzem. Prudência e simplicidade equilibram nossa alma.

Agora compreendemos que a prudência nos afasta dos riscos que a ingenuidade provoca – estejamos próximos de todos, mas com segurança de nosso caminho, isto é, com prudência. Não foi por falta de prudência que sofreu São Geraldo ao ser ridicularizado em sua época. Chamado de várias coisas: louco, doente, frágil e um tanto mais que o mundo queria dizer, apesar de tantos rótulos, manteve-se seguro no que fazia. Prudente, soube se recolher na hora certa, acatou com obediência o que lhe foi pedido e amadureceu na fé. A prudência é amiga da obediência, e obediência é ouvir bem e conhecer o que se ouve. Jamais será feliz quem obedece por medo, sem prudência.

Fruto da prudência é o bom discernimento: ouvir e ter segurança ao seguir o caminho ou decidir sobre a situação. Prudente é quem sabe a hora de calar, de baixar o próprio ego e de não se exibir nem se exaltar sobre todos. Nesse sentido, a prudência é inimiga do orgulho, da pretensão e da vaidade. Digamos que esta nos deixa com os pés no chão, sem caminharmos em ilusões que criamos e em mentiras que contamos a nós mesmos.

São Geraldo compreendeu o que falou Jesus. Foi um homem muito simples, mergulhado em Deus, passou longe do mau cheiro que a soberba produz, caminhou firme, mesmo diante dos sofrimentos e da doença. Em nada quis parecer melhor que os outros, nem mesmo se dizia santo. Sabia que o caminho mais seguro para sua vida era o próprio Jesus e que, sem Ele, não haveria luz nem vida.

Geraldo Majela seguiu seu caminho, sua vocação, conforme o coração de Jesus, que foi em tudo obediente ao Pai, que soube doar-se inteiramente e seguir a santa vontade. Ele alargou seu coração para amar mais profundamente: ***"Aqui se faz a vontade de Deus, como Deus quer, enquanto quiser"***.[1] Esse pensamento foi colocado por ele na porta de seu quarto; mais do que a porta do quarto, foi gravado em seu coração e marcou toda a sua vida.

---

[1] Cartas e outros escritos de São Geraldo. Centro Redentorista de Espiritualidade de Aparecida (CERESP). Aparecida-SP. Editora Santuário, 2004.

É prudente quem ama e deseja conhecer a vontade do Pai, o caminho mais seguro de nossa felicidade e realização. Assim foi São Geraldo Majela, como também foi Jesus.

ORAÇÃO DO DIA

Senhor de minha vida, meu bom Pastor, ajudai-me a seguir o caminho da prudência e do amor generoso. Que eu seja conhecedor de vossa vontade e a pratique em cada instante, na certeza de que sois vós o caminho da verdadeira vida e felicidade. Que a exemplo de São Geraldo Majela, eu seja construtor prudente de vosso Reino entre meus irmãos e minhas irmãs. Amém.

8

FORTALEZA

Resistência e autoconhecimento

O corpo frágil pode ser susceptível a todo tipo de mal ou doença, mas a força de uma alma, alinhada à vontade de Deus, é surpreendente, mediante tudo o que acontece na vida.

A fortaleza nos leva a conceber nossas limitações como uma indicação de Deus: sabemos que ele nos chama como somos, com nossos limites de conhecimento, de saúde. Ele está pacientemente a nossa espera, sem nos pedir um desempenho extraordinário ou coisas impossíveis, apenas que avancemos com resolução para cumprir sua vontade. Essa é a maior característica de uma alma forte, que a tudo resiste para servir melhor ao Pai de misericórdia.

A fortaleza de sua convicção em amar a Deus fez São Geraldo fugir de todas as tentações, sejam as adulações e os elogios, seja a glória ilusória e passageira. O mundo só nos oferece a fumaça, que embaça o caminho dos que procuram o que é eterno. Amou a eternidade já nesta vida e aqui já começou a vivenciar aquilo que todos esperam: o Céu. Ele disse: "Algumas pessoas dizem que eu zombo do mundo. Oh Deus! O que seria estranho em rir do mundo? Grave seria se eu zombasse de Deus"[1].

A fortaleza não é ilusória, antes é real e está muito ligada ao autoconhecimento, uma vez que ser forte é conhecer os próprios limites e viver bem com eles. Geraldo sabia as dores que enfrentaria, pois era um homem de duras condições, mas também profundamente unido às dores de Jesus e de Nossa Senhora. Certa vez, tomou esta resolução: "Vou dedicar todo o tempo de silêncio para refletir sobre a paixão e a morte de Jesus Cristo e as

[1] MCCONVERY, Brendan. São Geraldo Majela: redescobrindo um santo. Editora Santuário. Tradução: Vinícius Ponciano. Aparecida SP, 2023, p. 79.

dores de Maria"[2]. Nisso encontrou o jovem santo a base de seu castelo, de sua fortaleza.

Pode parecer contraditório, mas os sofrimentos com sentido constroem o caráter forte de uma alma. Aprende-se a resistir e a vencer. O sentido de São Geraldo sempre foi Jesus e Maria, por isso soube viver como poucos ousam. Tamanha foi sua fortaleza, que abandonou todos os seus desejos, unicamente para viver a vontade de Deus: "Não vou usar frases como: 'eu quero', 'eu não quero' ou 'eu gostaria'. Desejo apenas o que o Senhor Deus quer que se torne realidade, e não o que eu quero". Somente uma pessoa muito corajosa e forte pode se dispor assim diante de Deus[3].

A vida ainda reservaria muito ao jovem de Muro Lucano. Sua alma era forte, mas o corpo começou a sentir suas austeridades: jejuns rigorosos e autoflagelo (até o exagero) – chegava a autoflagelar-se até sagrar em carne viva e, além disso, usava outros cilícios de ponta pelo corpo. Uma alma tão

---

[2] Idem.

[3] MCCONVERY, Brendan. São Geraldo Majela: redescobrindo um santo. Editora Santuário. Tradução: Vinícius Ponciano. Aparecida SP, 2023, p. 80.

resistente, forte, e a fraqueza do corpo já dolorido pelos costumes de sua época e pela dureza da vida; então, por que se submeter a tão duras penitências? Em justificativa para seu costume, ele dizia que se tornaria santo.

Hoje sabemos que Deus não deseja nossos sofrimentos, contudo ensina-nos a vivê-los e deles tirarmos proveito. Foi o que São Geraldo compreendeu mediante o rigor de sua vida. São suas estas palavras que revelam tal pensamento: "A melhor oração é ser como Deus deseja que você seja, curvar-se diante da vontade de Deus, ou seja, estar continuamente trabalhando para ele. Isso é o que Deus quer de você"[4].

Deus é nosso rochedo e nossa fortaleza, é feliz quem encontra nele seu refúgio – assim buscou viver São Geraldo, como também fez Jesus.

[4] Idem, p. 79.

ORAÇÃO DO DIA

Senhor Jesus Cristo, sei de minhas fraquezas e de meus limites, mas também sei que eles servem para me aproximar de vós e compreender o quanto preciso de vosso amor. Obrigado por me amardes e por terdes doado vossa vida em favor de toda a humanidade, na Cruz. Obrigado, Jesus, por sustentardes minhas dores e me acompanhardes em meu próprio Calvário. Que São Geraldo me inspire, com seu exemplo, na fortaleza de vos servir, amar e doar minha vida por vós. Amém.

9

PIEDADE

O caminho do Céu

De todos os lados acorriam pessoas a São Geraldo. Mesmo após sua morte, ocorrida em 16 de outubro de 1755, muitas pessoas continuaram a clamar por ele. Os santos sempre são bem visíveis, como sinais do amor de Deus. Os altares de São Geraldo continuaram a atrair pobres, mães e gestantes...

Fato que foi um homem de grande piedade e amou muito a Deus. Tomou sobre si resoluções que revelam seu amor delicado para com o Criador, entre elas, a de tudo fazer para Ele e amar tudo pelo amor a Ele.

A piedade nos beneficia com esse sentimento de que não somos nada longe de Deus. É como um lembrete de que precisamos do Pai para todas as coisas.

Por meio dela, temos consciência de nossos pecados e buscamos um novo recomeço no amor de Deus. Almas piedosas sempre perdoam, recomeçam, buscam novo sentido e fazem bom discernimento sobre o que é agradável a Ele.

Em São Geraldo Majela, encontramos um espírito de grande piedade e sabedoria, ciência e temor a Deus. Como todo bom cristão, também amou muito a Nossa Senhora. Suas práticas devocionais a ela são traços marcantes de sua vida. Conta a tradição que, na hora de sua morte, contemplou a Virgem Maria. Fazia jejuns aos sábados em honra à Mãe de Deus, rezava constantemente o rosário e as saudações a Nossa Senhora.

Desde sua infância, foi devoto de São Miguel Arcanjo e, filho de seu povo, teve a oportunidade de crescer sob tantas devoções, sobretudo a devoção Eucarística; passava horas diante da Eucaristia, chegando a dar preocupação a seus confrades, que o viam absorto diante do sacrário. Conta-se que, quando desempenhava o ofício de cozinheiro, permanecia tanto tempo na capela que a refeição não seria entregue a tempo; mas todos se serviam satisfeitos, pois os próprios anjos preparavam a refeição, enquanto ele adorava a Jesus Sacramentado.

É a piedade uma rosa perfumada na alma, delicada e sutil, que nos faz adentrar mistérios fecundos, que só o amor explica. São emocionantes na vida de São Geraldo seus passos rumo a Deus. De origem humilde, não abandonou suas raízes de fé; antes cultivou em seu coração aquele amor que se tornaria um estandarte para a cristandade. Seus dons sobrenaturais nos revelam sua fidelidade a Deus, os quais brotaram de sua pureza e inocência, também frutos de sua piedade.

Hoje, em suas representações, contemplamos um jovem abraçado à Cruz. Saibamos que foi no abraçar desse mistério que ele mergulhou em Deus: a Cruz foi o sentido máximo de sua existência. Portanto nela encontrou seu abrigo e não temeu a sombra que avança sobre os que se abrigam sob a Cruz; suportou com Jesus seus limites e seu sofrimento e, como fez o Senhor, também entregou sua vida nas mãos do Pai.

Na doença, sofreu com paciência, e, ainda enfermo, não houve impedimentos para que continuasse a servir. Foi servidor até os últimos momentos de sua vida. Isso nos recorda a Palavra do Senhor: ***"Quem dentre vós desejar ser o primeiro, seja o último, o servidor de todos"*** (Mt 20,27). Que testemunho tão real de fé e de piedade.

Qual Jesus, São Geraldo conformou-se totalmente à vontade do Pai. Com Jesus, Ele está no Céu!

ORAÇÃO DO DIA

Senhor, eu quero ter meu coração em vossos caminhos, mesmo diante da solidão e de outros espinhos. Fazei-me sempre confiar em vós e tornai-me vosso amigo. Quero sempre estar convosco e viver por vosso amor. Eis-me aqui, meu Jesus, aumentai minha fé. Que a exemplo de São Geraldo Majela, eu cultive a cada instante um grande amor por vós. Amém.

ORAÇÃO DAS GESTANTES

Deus de Amor e Bondade, fonte e origem de toda a vida, que concedestes a vosso servo, São Geraldo Majela, ser cumulado de grandes dons e amor ao próximo, invocado pelas gestantes e mães como fiel protetor, nós vos pedimos, pelos méritos de tão querido santo, que abençoeis as gestantes que aguardam o nascimento de seus filhos, as mães e as criancinhas e que concedei-nos a graça que, com confiança, vos pedimos ***(pedir a graça...).***

Concedei-nos também gozar a alegria de viver em família e promover vosso Reino de amor em nosso lar. Por Nosso Senhor Jesus Cristo, vosso Filho, que é Deus convosco, na unidade do Espírito Santo. Amém.

(Pai-Nosso... Ave-Maria... e Glória ao Pai...)

ORAÇÃO DAS MÃES A SÃO GERALDO

Humilde São Geraldo Majela, que, nos 29 anos de vossa vida terrena, fostes abençoado por Deus com grande caridade, protegei-me na missão de ser mãe, para que eu eduque na fé os filhos que Deus me enviar. Sob vossa proteção, apresento minha maternidade, dom de Deus em minha vida, pedindo vossa intercessão em todos os momentos, a união e o amor de Deus em minha família. Maria Santíssima, modelo de Mulher e de Mãe, sede doce presença em minha vida e perpétuo socorro para meu coração. Amém.

Rogai por nós, ó glorioso São Geraldo Majela, para que sejamos dignos das promessas de Cristo. Amém.

(Pai Nosso... Ave-Maria... e Glória ao Pai...)

ÍNDICE

Este livro foi composto com a família tipográfica Avenir LT e impresso
em papel offset 75 g/m² pela **Gráfica Santuário**.